AF246580

RÉFLEXIONS NOUVELLES

SUR LA GRAVURE;

Par M. QUATREMÈRE DE QUINCY.

J'AI promis à ceux qui ne feroient pas contens de l'analyse que j'ai faite de la gravure, des développemens nouveaux fur cet objet. On les a provoqués, il eft jufte que je tienne parole.

J'obferve d'abord à ceux que mon opinion femble avoir révoltés, qu'ils ne l'ont confidérée que partiellement ; & qu'en ifolant ce réfultat des principes que je crus devoir pofer en tête de mon premier écrit, ils doivent peut être fe reprocher à eux-mêmes l'interprétation qu'ils ont donnée à mes paroles.

J'ai dit dans l'Introduction des Confidérations fur les arts du deffin : *Trois arts feuls ont droit à cette dénomination, la peinture, la fculpture & l'architecture. Ces trois arts ont des dérivations, mais qui ne fauroient conftituer des arts à part. Ainfi ce feroit par abus & par une fuite de l'ignorance des notions élémentaires des arts, qu'on feroit un art diftinct de la gravure. La gravure n'eft qu'un mode de peinture ; la différence d'agens & de procédés ne conftitue pas un art. Autant vaudroit dire que la gravure en pierre dure n'eft pas de la fculpture, parce qu'elle emploie le tour au lieu du cifeau.*

Voilà bien le texte de tout ce que j'ai dit

A

depuis fur la gravure. Ce n'étoit pas fans objet que je pofois ce principe à la tête d'un écrit dans lequel je comptois pofer fur les bafes d'une théorie fenfible, le développement - pratique d'un fyftême d'enfeignement. Avant de créer un enfeignement, il faut connoître les befoins de l'enfeignement ; il faut, comme je l'ai dit depuis, faire des places pour fes befoins, & non pas créer des befoins pour le plaifir de fonder des places. L'analyfe de chaque art, de fes dérivations, de la correfpondance qu'elles peuvent avoir, eft donc la première chofe à faire pour éviter à l'État des dépenfes inutiles, à une machine des rouages qui l'embarrafferoient, à l'inftruction publique des doubles emplois.

Pour moi, bien perfuadé que toutes les études générales d'un graveur font renfermées dans les études d'un peintre ; bien convaincu auffi que chaque art a une partie d'inftruction (la partie technique) qui ne fauroit jamais être de la compétence d'une école publique, & que fur cet objet vingt ans de théorie ne valent pas une heure de leçons expérimentales ; encore plus certain que la partie méchanique de la gravure eft de toutes, celle qui peut le moins fortir de l'enceinte des atteliers particuliers des maîtres, je préférai de réunir la gravure à la peinture, par la force des principes à la portée de tous les efprits, que d'arriver à ce réfultat par les démonftrations minutieufes des détails qui ne font entendus que des Artiftes.

Quelle fut ma furprife de voir qu'une affemblée nombreufe d'artiftes avoit pris tout le contre-pied de cette méthode, avoit inftitué des places d'enseignement public, des prix pour la gravure, & avoit ajouté ce nom au frontispice de son école !

Alors je cherchai à développer par le raisonnement ce que je n'avois fait que poser en principe ; savoir, que la gravure réduite à l'analyse de son essence, de ses procédés & de ses effets, ne constitue point un art distinct qui puisse réclamer un enseignement spécial dans une école publique, & former dans l'empire de l'imitation un territoire indépendant & isolé.

Il me paroît que j'ai été mal compris ; & au lieu que le résultat de mon systême, qui ne cherchoit cependant que le vrai, tendoit, selon moi, à relever la gravure, en la faisant rentrer dans le domaine de la peinture, il semble qu'on ait voulu croire que je bannissois la gravure de l'empire des arts.

Il est pourtant bien certain qu'en rapprochant mon développement de mon principe, je n'ai point prétendu déshériter la gravure de son droit à l'art de l'imitation, mais bien la faire entrer en partage avec la peinture. Et pour suivre ma comparaison, trois seuls enfans pourroient prétendre directement à cet héritage : la gravure, plus éloignée d'un degré, a besoin d'y être rappellée par la peinture. Ce n'est donc qu'en s'unissant à celle-ci, dont elle est fille, qu'elle peut revendiquer sa part du patrimoine de l'imitation.

En déclarant que la gravure ne constitue point un art, ce n'est point dire qu'elle rentre dans la classe des métiers. Par *un art*, il est visible que l'on entend un art à part, distinct, susceptible de se classer isolément dans l'ordre de l'imitation. Lorſque je dis que telle teinte ne forme point une couleur, je n'entends pas dire qu'il n'y ait aucune ſubſtance colorante dans ce qui frappe mes yeux ; je prétends dire que cette teinte eſt un compoſé qui ne forme point une couleur entière. Lorſqu'au moyen du priſme de l'analyſe je ſuis parvenu à décompoſer les claſſes diſtinctes de l'imitation, il eſt clair que par le mot *un art*, je ne dois plus entendre que ce qui eſt ſuſceptible de ſe ſoumettre à cette épreuve rigoureuſe. Quand je dis à chaque modification de chaque art, vous n'êtes point *un art*, je le lui dis dans la rigueur du langage analytique, & non point dans les convenances habituelles du langage ſocial.

Les artiſtes ſavent mieux que d'autres à combien d'emplois on applique le mot d'*art* ; mais comme ils ſentent ordinairement plus qu'ils ne raiſonnent, ils ont eux-mêmes introduit une telle confuſion dans la langue des arts, que les idées ne trouvent pour s'exprimer qu'une perpétuelle amphibologie. Rien n'eſt plus pénible pour un eſprit juſte, que d'avoir à écrire ſur une matière dont la langue n'eſt pas encore née.

La gravure donc, ai-je dit, n'eſt point un art (diſtinct) ; & voici mon raiſonnement.

Ce n'eſt pas la différence des inſtrumens qu'emploie l'imitation qui peut conſtituer des arts différens, autrement il y en auroit autant qu'il y a de ſortes d'outils & de procédés. Il faudroit donc faire un art du deſſin à la plume, avant d'en faire un du deſſin par la pointe ou le burin, qui n'eſt que le remplacement ou le perfectionnement de celui-là. Qui ne ſait que la plume & le lavis produiſent, à force de ſoin

& de patience, des tableaux monochromes si ressemblans à ceux de la gravure, que l'œil s'y trompe, même en les examinant de près ? Qui ne sait aussi que la gravure n'a d'autre avantage sur ces monochromes, que celui de multiplier ses productions ? Si cependant il n'est jamais venu dans la tête de personne d'ériger en art la méthode d'imitation par la plume, je voudrois qu'on m'enseignât par quel raisonnement ou par quel prestige, lorsque la méthode originale d'imitation ne constitue pas un art, le procédé qui n'en est que la copie pourroit en faire un.

Les effets de la gravure, ai-je dit, sont tels qu'ils ne peuvent lui constituer un domaine particulier dans l'empire de l'imitation. Ses tableaux, bornés par le mécanisme même de ses procédés, à des dimensions ordinairement très-inférieures à celles que la peinture peut se permettre, la réduisent à n'être qu'un diminutif de cet art; & sa nature étant essentiellement *monochrome*, elle ne peut même que très-imparfaitement rivaliser avec lui. D'après cela, comment les deux caractères, qui ne la distinguent de la peinture que par le désavantage des effets, pourroient-ils des titres de son infériorité, en faire le privilège d'une imitation distincte & indépendante ?

Quant à son essence, la gravure visiblement n'est qu'un mode de peinture, puisqu'aux couleurs & aux dimensions près, elle est tout ce que peut être la peinture; d'où il suit que le graveur est un peintre en petit & sans couleurs. Invente-t-il & dessine-t-il ses propres compositions sur le cuivre ? c'est un artiste, selon l'acception morale attachée à ce mot. Copie-t-il les inventions d'autrui ? il n'eſt que tout ce que l'on voudra que ſoit un copiſte.

Y a-t-il du talent à copier ; faut-il du ſenti-ment, de la connoiſſance de la nature pour bien copier ? je ne l'ai jamais nié. Y a-t-il de grandes difficultés dans la méthode de copier par la gra-vure? oui ſans doute ; mais il n'y a aucun rap-port entre cela & l'état de la queſtion.

M. Gaucher paroît ſe prévaloir de la défini-tion que M. Cochin fait de la gravure. Je lui en demande pardon : mais en renvoyant, comme il le fait, les graveurs dans la claſſe des traduc-teurs, il eſt viſible qu'il ravale la gravure beau-coup plus qu'il ne croit. Jamais on n'a mis la tâche du traducteur au rang des œuvres du génie. Les mots ne ſignifient plus rien, ou il faut con-venir qu'il n'y a pas d'invention dans la traduc-tion d'un poëme. Je ſais toutes les ſubtilités dont on peut ſe faire des argumens dans cette ma-tière comme dans toutes les autres, lorſqu'on laiſſe de côté la bonne-foi du ſens commun. Je n'invoque que celle-là ſur la queſtion dont il s'agit. Pour quiconque l'aura, il ſera clair que mettre les graveurs dans la claſſe des traduc-teurs, c'eſt leur conteſter tout ce qu'on eſt con-venu d'appeller génie ou invention.

Je pouſſerois bien plus loin cette diſcuſſion, ſi je ne la réſervois pour un ouvrage beaucoup plus approfondi ſur tous les arts, & ſi je ne croyois pas que la difficulté entre M. Gaucher & moi, ne vient que d'un mal-entendu. Je ne ſais qui de nous deux doit ſe l'imputer. Au ſur-plus, s'il y a eu de l'ambiguité dans mes ex-preſſions, je deſire qu'il n'en reſte point dans mon opinion.

En finissant, je crois devoir avertir ceux qui critiquent les écrits sur les arts, de se donner un peu la peine de les comprendre. Ceci ne s'adresse point à M. Gaucher, mais à un graveur anonyme, dont toutes les critiques ne reposent que sur des mal-entendus. Je dois croire qu'il n'a pas cherché à m'entendre, si toutefois il m'a lu : autrement j'aurois à lui reprocher une perfidie qui, à tout prendre, ne seroit que ridicule, tant je suis connu pour être à l'abri de sa plaisante critique.

L'anonyme me prétend partisan du pouvoir ministériel dans la distribution des encouragemens pour les arts, lorsque je suis le seul qui ait proposé un plan de répartition exclusif, non-seulement d'influence ministérielle, mais même d'intrigue & d'esprit de parti.

Avant de proposer ce plan, je rapporte & je combats les deux méthodes indiquées par les deux partis de l'académie : je prouve que le jugement par les compétiteurs eux-mêmes seroit sujet à trop de longueur & d'intrigue ; que la distribution faite par le Roi, quoiqu'elle pût avoir moins de dangers qu'autrefois, *éprouveroit* (ce sont mes paroles) *trop de contradictions dans le système d'une institution qui exige des titres de mérite à l'abri de toute censure, de tout soupçon*, &c.

Je propose d'instituer, en place de ces deux méthodes, un concours, des juges de concours, & une méthode pour trouver des juges désintéressés. Dans le même paragraphe, p. 156 *des Considérations sur les arts du dessin*, je dis : *Je ramène donc l'application & la distribution des encouragemens à cette idée qui doit en simplifier le mode comme l'esprit ; savoir, qu'ils doivent devenir*

& être conſtamment le prix d'un concours , &c.

Sans doute, l'anonyme n'a pas été juſqu'au bout de l'article : ſans doute auſſi il n'a pas lu la ſeconde ſuite aux mêmes Conſidérations ſur les arts , dans laquelle ce mode de concours & de jugemens eſt reproduit avec de nouveaux développemens , & dans une aſſez longue ſuite d'articles réglementaires. C'eſt ainſi qu'il me reproche de créer des places permanentes de profeſſeurs , tandis que je les fais toutes amovibles & temporaires.

Si l'anonyme ne juge pas que le maſque ſous lequel il ſe cache convienne au genre de ſes critiques , je le prie de ſe nommer & de me faire tenir ſon adreſſe ; ma ſeule réponſe conſiſtera dans l'envoi que je lui ferai de mes écrits, avec la prière de les lire avant de les attaquer.